# 천사의 음성

한승홍 4시집

문학공원 시선 187

# 천사의 음성

한승홍 4시집

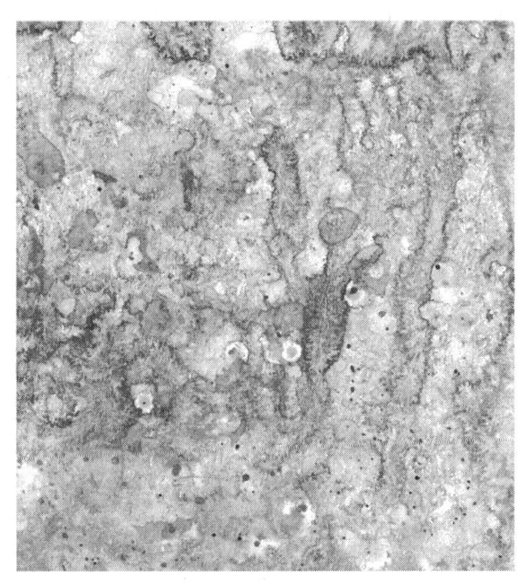

문학공원

<序詩>

## 백양로의 사계는 시계의 녹원이었다

1

백양로 가로수에 새잎이 돋을 즈음 황톳길 흙먼지는 내 눈을 정겹게 아리었다 길은 멀고 까만 교복의 행렬은 끝이 없던 시절, 반짝이는 눈동자엔 섬광이 번뜩였고 진리와 자유의 노래는 메아리치며 젊음의 기상을 드높였다

나에겐 깊은 연으로 맺어진 친구가 많았다 몇몇 여자 친구는 내게 뜨겁고 달콤한 향기로 다가와 눈을 맞추며 속삭이곤 했다 나는 저들의 풋풋한 몸 내음에 취해가며 젊음의 환희에 빠져들곤 했다

노송 숲 둔덕에 누워 꿈 나래를 퍼덕이며 날아오르곤 하던 때 우거진 숲속에서 들려오는 종달새 노랫소리에 내 마음엔 시상이 불처럼 피어올랐고 가슴은 몹시 뛰곤 했다 이상향이 손에 잡힐 듯 맴돌다 멀어져가곤 하던 때

2

나의 시상은 창세의 시원에서 피었고 자연에서 익어갔다 여름이면 자연과 만나려는 방랑벽이 도져 떠나고 싶으면 어느 때고 나는 그 유혹을 뿌리치지 못하고 산

촌이나 바다로, 때론 깊은 산사로 가곤 했다 거기, 자연의 시원에서 나 자신도 자연이 되곤 했고 그때의 희열은 내게 서툴고 투박스럽게 그려졌지만 나를 드러내는 고백이며 나 자신의 독백이었다

3

가을엔 슬픈 그리움이 애잔하게 스멀거리며 내게 밀려오곤 했다 나는 밟히며 부서지는 낙엽의 사각거리는 소리에도 가슴이 저미곤 했다 어느 날엔 청명한 하늘에 흘러가는 구름 따라 나도 구름이 되어 어디론가 가고 있었다

음악감상실은 연인들의 갈대숲이었다 이곳에 깊숙이 파묻혀 눈동자를 맞춰가며 그윽한 눈빛으로 대화를 이어가곤 하던 그 날, 일기 곳곳엔 잉크 빛으로 그려놓은 그녀 얼굴뿐 쓰다 지우며 몇 줄 긁적이다 밤을 잊곤 했는데 어느새 그녀는 내 가슴에서 뜨거운 입김을 뿜어내며 거칠게 숨 쉬고 있었다

갈바람은 폐부까지도 찌르는 듯 나를 아프게 했다 쓸쓸한 오솔길, 낙엽길, 외딴 고갯길은 겨울 문턱에서 내게 더욱 아린 시간의 서정을 채워놓았다 가을 앓이가 나를 괴롭힐 땐 떠오르는 시상이 나를 안아주며 다독였다

4

벌거벗은 백양목이 눈옷을 입었다 함박눈은 황톳길

을 눈포단으로 덮어갔다 이즈음, 거리 곳곳에선 크리스마스 캐럴이 겨울의 정감을 쏟아내곤 했다 어느 겨울엔 눈이 많이 내렸다 눈 내리는 밤의 데이트는 젊음에 나리는 행운이라며 우리는 걷고 또 걸었다 또 한해가 저물었다 내게 남겨준 것은 숱한, 너무나 멋진 만남이었다

5

고등학교 때부터 열독했던 한국 시선들 그리고 서양 시집도 구하는 대로 읽고 반추하며 나는 시의 세계를 유영하곤 했다 나는 자연주의와 낭만주의 시를 즐겨 탐독했으며 이런 시풍이 내 기질에 퍽 가깝게 다가왔다 내겐 시가 나 자신을 그려가는 풍경화였고 내 삶의 여정에 내 세계관을 펼처놓는 담채화 같은 것이었다

나에겐 내세울 만한 시류의 족보도 없고 수련과정의 학습도 체계적 배움의 기회도 없었다 느닷없이 떠오른 표상을 휘갈겨 놓은 낙서 같은 것일 뿐 하지만, 나는 문단의 높은 장벽을 의식하지 않았다 집시에겐 고향이 없고 뜨내기에게 친구가 없으며 나그네에겐 가족이 없다 그렇지만 해달별은 나를 시상으로 덮어주는 친구였고 강과 호수와 초원의 푸른 풀밭, 바다와 산… 이들은 나의 고향이며 가족이었다

6

백양로를 거닐던 6년간의 발걸음은 내게 시로 채워

진 24계였다 그곳이 내 시계의 녹원이었다 나는 순수한 영혼의 세계에서 문학의 풍류와 시의 진폭을 넓혀갈 수 있었다 이때 나는 니체, 릴케, 휄더린 등을 깊이 읽었다 내 시의 고향이 아련한 그리움으로 되새겨져 온다

아직도 풋내가 물씬 나지만 정성껏 키워온 첫 열매를 아련히 떠오르는 그리운 얼굴들, 젊음을 함께 보냈던 친구들에게 바친다 내게 시의 서정을 안겨 준 그 시절을 그리며

## 차 례

### 1부 집시 소녀

## 2부 눈이여, 밝아져 빛을 발하라

## 3부 여름 해변에서의 하루

## 4부 겨울 편지

# 1부

# 집시 소녀

## 집시 소녀[*]

지금쯤 고향에도 봄이려니
점례도 집을 나가고
말순이마저 서울로 떠난 마을
이젠 산나물 캐며 재잘거리던 계집아이들
봄맞이 꽃놀이를 어디서 볼을 수 있으랴
푸른 하늘 어디론가 흘러가는 구름아
내게 아무 말이나 하고 가렴
봄나물 캐서 읍내 장에서 보리쌀 한 되 받아오던
5월이면 저 들녘이 온통
먹거리 풍성한 보리밭으로 보이던 시절
물로 허기 잠재우며 보내던 숱한 나날들
그래도 고향엔 부모 형제자매가 있고
멱감으며 물장난치던 개울에서
꿈의 나래에 순정이 꽃피던 곳
마음마저 설레어 싱그럽지 않았던가

밤 별빛이 이슬 맺힌 눈에 반짝이는데
아아, 이젠 날 기다리던 어머니의 모습도
밤이 늦었다고 꾸짖으시던 어머니 음성도
되새길 수 없는 꿈같은 그리운 어제려니
고된 서울살이에 이상은 한숨에 묻혀버렸고
집시가 되어 이곳저곳으로 유랑하는데

내일엔 어느 곳에서 밤을 맞으려나
앳된 얼굴에 그윽이 잠기운 눈동자엔
나이 차면 내려와 시집가라며
잡은 손 놔주지 않으시던 어머니 얼굴뿐
아아, 언제쯤 고향에 가려나
별 무리에서 외로이 떠돌던 작은 별 하나
불타는 꼬리를 길게 달고서
아득히 먼 곳으로 사라지는데
돌짬에선 귀뚜라미가 처량히 우누나

* 1959. 8. 7. 고등학교 2학년 때 지음

## 고향

난, 태어나서 한 번도
고향에 가본 적이 없지만
지난밤 꿈에 고향에 갔었네
나는 비둘기가 되어
소달구지 타지 않고도
단숨에 날아갔었지
부모님 주름 깊어 마음 서럽고
형제자매, 벗들의 반가운 얼굴
소꿉 놀던 계집아이들 사내애들에게선
아직도 개구쟁이 티가 흐르고
보리밭, 물레방아도 옛적 그대로더군
고향!
세상에 취하여 잠시 잊었던 곳
지난밤에 나는 비둘기가 되어
꿈에 그리던 고향에 갔었네
언젠간 내가 가야 할 곳이었는데

# 면사포를 살포시 벗고

여명이 트여오는 아침
멀리서부터 어둠이 사라져 가고
자연의 품에서 하나 된 산천초목이
새소리와 함께 깨어난다
면사포를 살포시 벗고
수줍어 내민 신부의 얼굴

밤하늘에 총총하던 별무리
한 겹씩 어둠의 막을 벗길 때마다
가까워져 오고 있는 새벽하늘
간밤을 지새우며 함께 놀던
초승달도 쓸쓸히 사라져 간다
미풍은 살며시 나무 잎새를 흔들며
새벽 공기를 가른다
아아, 이 신성함
가슴에 스며드는 이 신비로움
이렇게 오늘이 창조되어 가누나

## 존재, 그 자체

그대의 숨결은
우윳빛 향기
내 영혼에 다가와
호흡을 불어넣은
그대는 어머니여라

그대의 가슴은
대지에 젖줄
자신마저 내주고
마지막 숨 몰아쉬는
그대는 자연이어라

# 양치기의 무덤

낙엽만 뒹구는 괴괴한 묘지 앞
들꽃 한 송이도 놓는 이 없어
황량한 무덤
그의 형제로 죽음에 던져진
양치기가 묻혔던 곳
빈 무덤엔 흙먼지만 쌓여가고 있다

하늘을 향한 광채 돌던 동공은
어슬녘 샛별처럼
빛으로 세상을 밝힐 텐데
흙바람 휘몰아치고 있는 이곳
나는 무덤 속을 들여다보다
그 죽음의 영원한 생기에 전율했다

황야 돌짝밭엔 흙먼지만 일뿐
까마귀도 오지 않는 인적 끊긴 곳
"그대여, 여기서 누구를 찾느뇨?"
부드러운 음성이 내 가슴을 에워싼다
엄습하는 두려움에 사방을 둘러보니
한 줄기 빛만 구름 새로 쏟아진다

# 역사의 진화

비상계엄이 선포되던 날
5월의 새벽은 꿈결에 깨어났다
호외는 주먹만 한 활자로
방송은 혁명공약과 포고, 군가를
번갈아 내보내며
시민들을 극도로 긴장시킨다
서울시청 앞 광장에 가설된
혁명군 지휘관들의 단상
선글라스를 착용한 번쩍이는 별들
무장한 전투병들과 부관들
무전기 안테나를 세운 지프들
탱크와 분주히 오가는 군용차들
오후엔 전투기 편대가 하늘을 가르고…

나는 라디오 뉴스에 귀를 기울이고
AFKN TV의 현장 중계도 보며
쿠데타, 제2공화국의 종말, 그리고 그 이후
피냐 장미냐의 갈림길을 저울질해보았다
그랬더니 잡념들이 상상의 나래를 편다
4·19, 피의 혁명 이후 잃어버린 1년!
상 차려주었는데 똥 싸 뭉개지만 않았어도…
트랜지스터라디오는 쌕쌕거리며

아나운서들의 전투적 목소리를 계속 토해낸다
시내에 나갔던 친구들은 전화로
현장 분위기를 생생하게 전해준다

　역사는 기형으로 진화한다!
　1961년 5월 16일!

그날 일기는 이 두 줄로 채워졌다

# 그해 여름은 여기서 보냈다

개울가에선 수수 강냉이 감자
잡곡 씻는 소리
집집마다 지붕 위로
피어오르는 연기
구수한 냄새가 생명으로 꿈틀댄다

그래, 때가 되면 먹어야겠지
하지만, 밥 몇 술 못 뜨고 여기 묻힌…
숱한 탄피와 포탄 파편은 왜 말이 없는가
내 눈에선 상념의 빛이 어제로 흘러간다
언젠간 자연에 묻히겠지만, 그래노

추곡 약수터에서 가파른 산길 따라
재 넘고 너머 숨 가쁘게 찾아간 곳
깊은 산골 너와집, 굴피집 몇 채
그해 여름은 여기서 보냈다
전장의 피 냄새가 가슴을 아려오던 때

# 외딴 솔섬에서 반짝이는 건 꿈이었다

수평선은 새벽 빛깔로 물들여가고
포구엔 고깃배 몇 척이 닻을 내린다
어제가 역사에 흔적을 남기며
또 하루를 맞아 출렁이고 있다
바다는 하늘 품은 전설이 되어간다

갈매기 떼는 고기 낚아채기에 바쁘고
파도는 부서지는 아픔에 울부짖으며
수포에 잠겨 사그라지는데
외딴 솔섬 갯벌웅덩이에선
하얀 꿈이 별처럼 반짝인다

## 빛은 찬란하고 가슴속은 뜨거워도

1
삶이 이울어져 감을 한탄하며
인생을 조급하게 엮으려 하지 않으리라
내 영혼의 많은 부분은 시간에 갇혀
고뇌의 수렁을 벗어날 수 없지만
나는 없어져 감에서 있음의 참을 찾으리라

2
그대, 새벽의 이슬이여!
분초를 저주하지 마라
동녘에 솟아오르는 해의 미소를
가슴에 고이 안고 스러져가며
영원에서 희열을 느껴보아라

3
꽃향기 싱그러운 계절!
파란 하늘을 채운 해의 신비론 햇살
빛은 찬란하고 가슴속은 뜨거워도
거기에 영원함이 없다면 얼마나 슬프랴
참삶은 시간에서 영원을 그림이리라

4

세상은 빛에 삼켜지는 게 두렵고
어둠은 세상을 암흑에 묻는 게 버겁지만
태초부터 빛과 어둠은 서로 하나 같은 둘
너와 내가 서로 하나 같은 둘임도
창조주의 시간과 영원의 섭리이리라

## 흑진주

검은 은빛 영롱이는 진주조개는 밤마다 별을 품는 꿈을 꾼다 속살엔 바다와 하늘, 오랜 시간의 욕정이 채워져 가고 가슴에선 사랑과 영원의 속삭임이 물보라를 일으키며 거칠게 몸부림친다 발그레한 뽀얀 살 반짝이는 몸속엔 막연한 그리움이 끈적인다 저 언덕 어딘가에 별 무리 쏟아져 별을 주워 그녀에게 주려고 나는 밤새 초원을 헤매다 이슬에 젖어 새벽을 맞았다 진주조개는 보드라운 살 속으로 나를 빨아들였다 언젠간 그녀 속살에서 흑진주가 별이 되어 반짝이리라

## 가을앓이

그리움이 흐노니
땅과 하늘에
생명이 꿈틀 인다
내 영혼엔
내일이 펼쳐지고
자연에 나는 묻히어간다
박꽃 청초로이
서리 속에 피어나고
풀벌레 울음소리
가을앓이 후벼주니
달빛도 끄느름하다

## 물의 감성

외로움은 밀물이고
그리움은 썰물이네
외로울 땐 그리움만 깊어가고
그리울 땐 외로움만 드러나네

## 애수의 눈빛

뒤안길 돌아보는 애수의 눈빛
반짝이던 눈동자엔 꿈이 없고
연연히 이어왔던 세월엔
추억의 때만 남겨져 감치인다
피 끓던 심장은 힘겹게 뛰고
젊음의 연가는 진혼곡에 맞춰간다
휴식의 피안이 지척이니
내일엔 흙먼지 속에 묻혀
서릿바람처럼
나도 자취를 감추게 되리라

# 꿈과 현실

사는 게 꿈이라면
나, 꿈에서 깨어나지 않으리라
꿈이 현실이라면
사바세계엔 번뇌도 없었으리라

현실이 꿈이라면
나, 꿈에서 신을 믿은 것이리라
믿음이 꿈의 허상이었다면
나는 신을 만날 수 없었으리라

## 다 이루었다

날은 하나님의 영광을 선포하고
궁창은 그의 하신 일을 나타낸다
인간의 저주받은 원죄의 역사
그 역사가 종말을 맞이하는 날
새 예루살렘이 열리고
스불론과 납달리*, 이방의 땅들
그리고 흑암에 앉은 백성이
큰 빛을 본다
날은 날에 말하고
밤은 밤에 기쁜 소식을 전하니
그 말씀이 땅끝까지 이르니라

"다 이루었다"**

새 하늘과 새 땅에 울리는 소리

---

* 갈릴리 지역에 있는 사망의 땅이었으나 예수께서 사역을 시작하며 흑암에 있던 자들이 빛에 거하게 되었다(마 4:15-17).

** 요 19:30.

# 흰 백합화

열 송이 흰 백합화 마디마디
향긋한 꽃대 속 채워진 우아함
무엇을 이 색향(色香)과 견주랴
샤론의 꽃이랴
로렐라이 언덕의 장미랴

황무지 한 자락서 외로웠어도
꽃잎이 바람에 스칠 때마다
한 잎 두 잎 어여쁜 자태로
온갖 풍상 견뎌왔던 흰 백합화

계절이 바뀌고 해가 바뀌면
만물도 세월 따라 흘러가건만
꽃잎은 이울어져도
꽃샘에선 아름다움이 솟아나누나

폭풍우 거센 풍파에 떨어진 꽃잎은
아홉 송이 마음에 피어 함께하고
오늘을 피어나는 꽃송이엔
묵언 우정이 채워져
꿀보다 달고 심산계곡보다 깊구나

한 송인 듯 열 송이
열 송인 듯 한 송이

그 향기가 신성하도다

# 낙엽

어느 날 저녁
바람이 휘몰아치며
비를 뿌려준 후
가을은 나에게
갈색의 낙엽을
던져주었다

언어와 전설
창세의 심연 속에
켜켜이 쌓여있는
신화의 비밀을
낙엽은 바람에 실어
나에게 전해주었다

## 무상

초가집 굴뚝 연기 헤치며
어슬녘 창공에 난무하던 멧새 떼
어둠이 나리니 오간 데 없구나

남포등 마지막 심지
기름 몇 방울마저 연소하며
등피를 역청 빛으로 덮누나

꿈길에 누군가 가시덤불을 헤쳐 나오며
가을의 애조를 읊조린다
어제만 채우고 이제는 없는 게 만남이라고

## 환희의 눈물

나는 순간마다 내 운명에 덮친
절망의 한계선상에서
원망하며 울부짖지 아니한다네
푸른 초원 넓은 들판에서
독수리처럼 창공으로 기상하며
내 인생의 환희에 눈물지을 뿐일세

내겐 황금이 없어도 내 마음엔
세상보다 더 큰 꿈이 있다네
지금의 내 몸이 바로 나일 진데
창조주께 감사하지 않을 수 있으랴
한 가지 바라는 게 있다면
꿈꾸며 자연을 닮아가는 것일세

# 2부

# 눈이여, 밝아져 빛을 발하라

# 6월의 바람

피로 얼룩진 검붉은 땅엔 먼지조차 일지 않았다
6월의 바람은 피비린내를 몰고 온다
군악대의 트럼펫소리는 영혼의 흐느낌처럼 들린다
엄숙한 두려움 같은 전율이 밤안개처럼 퍼져나간다
숙연한 마음에 서글픔이 서린다
눈도 흐려져 원근이 어른거린다
산 자와 죽은 자의 거리는 영원히 먼 듯 가깝다
때론 동거하고 있는 듯하고
어쨌든 생사의 경계는 백지장 앞뒤 정도의 차이
어디선가 죽은 자의 한이 원혼의 노래되어 들려온다
그 순간 내 눈은 촉촉이 적셔진다
여기에 얼마나 많은 한이 서려 있으랴
흐느끼듯 들려오는 애곡의 여운은 간간이
내 가슴을 헤집어 도려내며 아픔으로 채워놓는다
나는 눈물을 삼키며 이렇게 가슴앓이를 한다
내 뺨으론 뜨거운 피가 흘러내린다
아아, 내겐 왜 이 병이 매년 거듭되는가
그러면서도 나는 6월을 경건한 마음으로 기다린다
50년대에는 라디오로 생중계되다
60년대 언제부턴 간 TV로도 중계되곤 했던 현충일
나는 이날 하루 동안엔 말을 잃곤 했다
무슨 말이 이 무거운 침묵을 깰 수 있으랴

아직도 전장의 포화와 총소리가 생생히 들려온다
피범벅 된 몸에 밀려오는 아픔을 삭이며
마지막으로 불러보는 외마디, ‘어머니!’
가냘픈 소리는 떨리며 하늘로 퍼져나간다
숨을 거둔다
아직도 전장에 흐르는 피는 내 상념에선 뜨겁다
국립묘지 현장 중계가 전국으로 전파되고 있다
나는 이곳 영령들에게 빚진 듯한 묘한 마음에
언제나 이날엔 나 자신을 얽어매곤 한다
1961년 신검에서 ‘정정 소면’ 판정을 받았다
할 수 있는 일을 해야 할 땐 죽을 지경으로 싫은데
할 수 없는 일이니 하지 말라면 서운한 것
병역의 의무를 이행하지 않아도 된다는데
국가의 부름에 몸을 바칠 수 없다는 자괴감 같은 게
그날부터 내겐 늘 주홍글씨처럼 붙어다녔다
장엄한 예식이 끝났다
행사에 참석했던 요인들이 떼 지어 빠져나간다
묘비석 앞으로 유가족들이 모여 앉는다
여기저기서 울음소리가 가냘프게 들려온다
비석을 어루만지며 이름만 되뇌어 부르는 어르신들
비석을 마주 보며 눈물만 흘리고 있는 젊은 여인들
넋을 놓고 있는 유가족들의 모습이 애절하다
누구나 가야 할 길인데 이렇게 일찍 떠나다니
희망의 나래를 펴보지도 못하고 져버린 영웅들
카인의 무리는 붉은 용으로 변신하여

아직도 입을 벌리며 콧구멍으로 불을 뿜어내고 있다
아벨의 피와 절규는 파란 하늘 저 멀리 퍼져나간다
아아, 피로 물든 달, 6월
아픔의 달이여!

## 그날, 그 속에서

무리 속에 힘없이 꽂힌 침묵은
나를 무참히도 아프게 했다
슬픈 애절함에 잠긴 시간에는
전설만 뽀얗게 쌓여갔다
그날, 그 속에서
침묵은 새 역사를 품었다
어둠이 내 세포 속을 지나서
여명의 새날에 삼켜지면
고요한 아침이 진동하리라
새 세상은 나래를 펴며
역사를 품고 비상하리라

# 일어나라! 새날이여, 희망의 빛으로

수평선 너머로 석양의 붉은빛과 새털구름이 잠긴다
어둠은 세상을 덮치며 마지막 어스름마저 삼킨다
거친 광야와 검푸른 바다엔 바람이 사납게 일고
소나무는 몸을 떨며 통곡스럽게 울부짖는다
그 흐느낌은 메아리치며 언덕 아래로 퍼져간다
적막은 소리 없이 눈물만 흘린다

이끼 껴있는 개울가 바위엔
하루하루의 흐름이 빠짐없이 묻혀간다
어디선가 들려오는 목멘 비탄의 소리
역사의 흐름으로 이어질 성난 함성의 물결이
온 공간을 채워가며 내 귓가에 맴돈다
바위는 외친다, '일어나라! 새날이여, 희망의 빛으로'

## 그녀의 뺨과 가슴에서

여인의 팔뚝
살며시 노출된 어깨
하얀 이빨과 탄력을 지닌 피부
사랑을 빨아들이는 검은 눈동자
그녀의 뺨과 가슴에서
나의 여름은 이글거렸다

# 청포도

잎 솎아 햇빛 길 틔우니
한결 여유로워졌던 네 모습
아픔 겪으며 한층 성숙해진 너
나를 위해 그늘막이 되려
잎으로 모정(茅亭) 감싸 돌던
네 몸에서 나의 여름은 깊어갔다

네 향기에 취해 잠들곤 했고
달누리 정취에 밤을 맞을 땐
솔바람 막아주곤 하던 너
내 맘속 달보드레한 네 모습
청포도 익어갈 때면
옛 생각에 젖어간다

## 애수의 계절

인적이 끊긴 초원 저 언덕 아래로
비를 머금은 먹구름이 몰려온다
솔밭길 나지막한 개울 물결엔
뭔지 알 수 없는 그림자가 춤을 춘다
내 영혼은 애수의 늪에 빠져
어딘지 알 수 없는 어둠 속에서 흐느적거린다
비바람에 솔가지는 울부짖으며
아스라한 옛날의 그때가 그리워
넋을 놓고 몸부림친다
나는 나를 잊어가고 있다
이 애수의 계절은 내게
지난날을 신화로 채색하며
나를 무아경으로 빨아들인다
이 몽환의 희열!
나는 이에 취하여 밤새도록
꿈속을 유희하다
새날, 신화에서 나를 깨웠다

## 태고의 슬픔

먹구름이 하늘의 빛을 가리고
황야엔 흙먼지가 덮쳐오던 오후
피로 물들이는 태고의 슬픔에
빛을 잃은 그 날 내 눈이 멀었다

황야의 포도나무 한 그루
에덴 서녘으로 생명수 흘려
해골 골짝을 포도잎으로 덮는다
동서남북 아우르는 포도나무엔
에덴의 새싹이 생명을 틔우고
기울인 십자가에 열린 포도송이
인류의 심원한 가슴을 채운다
성령의 불길은 바람을 일으키고
그날 내 눈이 뜨여 빛을 보았다

# 오늘의 기도

고난 받는 백성의 주여!
고독한 영혼의 다정한 친구여!
바디메오*에게 빛으로 오셨듯이
나에게도 빛으로 오셔서
밝은 눈을 주시고
당신의 빛으로
죄와 어둠에서 벗어난 내게
영원한 생명을 주셨으니
이제부턴 나의 죄로 빛이 가려져
어둠에 덮이지 않게 하시고
저녁의 석양을 불의한 생각으로
더럽히지 않게 하소서

---

* 여리고 길가에서 구걸하던 소경. 예수를 믿음으로 빛을 찾음(막 10:46-52).

## 눈이여, 밝아져 빛을 발하라!

유아 땐 엄마 젖이 생명이었지
유년시절이 지나가고
몸이 커질 때 즈음
심신을 꿈틀 이는 무언가가 느껴졌고
내 의지와는 상관없이 내가 되어갔지
신 이외에 누가 그렇게 할 수 있었겠나

쉼 없이 순환하는 생명의 약동
진달래꽃 지고 나면 새봄을 기다리듯
와선 가고, 가곤 다시 오는…
그걸 만물의 과정이라 하더구먼
이 과정을 수레바퀴라고도 하지 않았던가
거기선 빛과 어둠도 상대 극점일 뿐

영원의 수레바퀴는 쉬지 않고 굴러가니
시간에는 영원한 게 없으며
희로애락도 순간의 한 현상이리라
하지만, 인간이 인간다워지면 혜안이 생겨
삶에서 그 진리를 직관할 수 있으리니
그땐, 시간에서 영원을 볼 수 있으리라

웃음 뒤엔 그늘진 얼굴에 눈물이 흐르고

눈물이 마르면 날빛에 눈이 부실 텐데
그날의 햇빛은 더욱 찬란할 걸세
눈이여, 밝아져 빛을 발하라!
그래서 삶에서 참삶의 진리를 보아라
그때 비로소 자신의 수레를 볼 수 있으리라

# 진리

윤회하는 과정에서
삶이 무한히 되새김질한다지만
윤회의 수레에 실려지지 않는 것
그건 만유의 진리
참사랑인 것을 나는 철들고 깨쳤다
진리에는 생명이 있고
참사랑에는 영혼이 있다는 것
나는 이 길이 멀고 험하다 해도
지나온 길로 되돌아가진 않으리라

# 낙엽 구르는 소리

바람에 낙엽 구르는 소리
내 가슴에 전해오는 마지막 숨길
애절한 절규만 이 밤을 아리니
아아, 이제 가을이구나
한낮이 가고 어둠이 나리면
네 몸 그윽한 향기 맡으며
네게 취하여 잠들곤 했는데
한여름 폭풍우 몰아칠 때도
떨며 지켜온 너의 청초함
이제 그러던 너마저 떠나가니
내 맘엔 낙엽만 쌓이누나

## 낙원의 빛 속으로

해가 어둠에 잠겨 빛을 잃고
새날이 열릴 때까지
그대는 나의 잔에 포도주를 채워주시며
내 심장에 사랑의 입김을 불어 넣으셨죠
축배의 잔에 그대의 살과 피를 섞으며
시원의 세계로 나를 인도하셨죠
저 푸른 낙원의 빛 속으로

원초적 욕정에서 나를 건지셔
그대의 포근한 품에 품어주셨고
세파에 찌든 몸골 깨끗이 씻어주시곤
새 옷을 입혀주셨죠
나를 품어주시며 흘린 얼룩진 얼굴
빛으로 떠오른 그대의 얼굴 보며
내 눈에도 이슬이 맺혔습니다

새로운 생명으로 숨쉬며
새 하늘과 새 땅을 거닐 수 있는 이 축복
그 은혜를 내 어찌 잊을 수 있겠습니까
내가 가는 곳마다 동행하시며
뜨거운 연인으로 한 몸이 된 그대와 나
그대를 위해 내 몸도 드리겠습니다
사랑하는 임이여!

## 내 영혼에 당신의 사랑을

주여, 황무지를 헤매고 다니는
고독한 영혼을 성령으로 채워주시고
믿음과 소망과 사랑으로 채워주소서

나에게 순결한 입술을 주시고
정결하고 선한 마음을 주셔서
나로 인해 내 이웃이 주를 믿게 하소서

나에게 경건한 마음을 주셔서
날마다 주의 나라를 소망하며
빛의 자녀로 정의롭게 살게 하소서

내 영혼에 당신의 사랑을 부어주셔서
당신이 나를 사랑하시는 것같이
나 또한 이웃을 사랑하게 하소서

# 동그라미

오곡백과 풍요로울 땐 달도 커 보인다
별들이 하늘을 덮으며 밀려오면
달은 점점 멀어져 간다

잠이 안 온다
공상이 상상의 나래 짓을 한다
별들은 왜 동그란가
나는 이 시간만큼은
천체물리학에서 답을 찾고 싶지 않다
자연이 동그랗게 창조된 것인지
진화의 결과인지 내겐 관심이 없나

아주 어릴 땐 보름달이 해보다 커 보였다
'오 쏠레 미오' 앞에선 해가 커 보였다
물론 더없이 아름답기도 하고
이게 나의 천체인식론,
감성 물리학 입문이랄까, 나만의
가시적 현상에 대한 인식의 상대성
괴변이라며 웃어도 될 듯

만물의 생명은 동그라미에서 생성되어
동그랗게 존재하다 어느 한순간

동그라미 속으로 빠져들어 가는 것

블랙홀은 생명체의 존재 방식에서도
자연현상의 개체 속에서도 유효한
그래서 감성 물리학이 내겐 유일한 진리

만물은 존재의 자궁인 우주에서
동물은 태에 연결된 모태의 자궁에서
식물은 씨방의 자궁에서 싹을 틔우는 데
아직 세모꼴 자궁이나 네모꼴 자궁
사다리꼴 씨방은 발견되지 않았다
아 그래서 원을 으뜸이라고 하기도 하고
그 안에 음양 태극이 존재한다고 하기도 하고
수레바퀴에 비유해서 윤회설을 설파했던 게 아닐까
영원무궁한 것도 시작도 끝도 없는 게 원일 터

눈은 아려오는데
머리는 계속 상상의 고리를 엮어간다

날밤 새웠네
그런데 아직도 풀리지 않은, 수수께끼 같은 것
'동그라미란 무언가'
존재인가, 현상인가

# 별

영원의 꿈길에서
외로이 반짝이는
가을밤 별
너의 하얀 볼에 맺힌
찬 이슬이
흘러내릴 즈음에는
적막한 풀숲에서 흐느끼는
풀벌레 울음소리조차
애수에 젖어든다
이 밤엔 개울 건너 잿길 넘고
은하수 헤쳐 가서
모정에 흐느끼는 네게
내 심장을 안겨주리다

## 우주의 합창

자연의 너른 품에 잠겨가며 자신을 태워가는 석양은 말이 없고 숲과 공기와 개울물 그 사이 틈새로 몰아쳐 가는 바람은 지축을 흔들며 쉼 없이 메아리친다 물줄기 흘러내리는 차가운 암벽은 수억 년에 담긴 오랜 침묵을 내일도 깨지 않을 텐데 이 외로움의 적막 속에 연년이 쌓여가는 지속적인 관계, 거기서 우러나오는 자연의 가락이 내 귓가를 맴돌며 떠나지 않는다

오래전부터 나는 있는 그대로 생긴 그대로 되는 게 자연이라 생각했다 우주조차도 거기 걸려있는 것 밤 별무리 속에서 나는 저들과 어울려 우주의 합창을 힘차게 불렀다

## 하얀 모래 위에 그려가는 그림

잠시 머물다 가는 이 세상
꽃마저 시들 때를 품고 피어나거늘
어찌 이런 흐름에서 영원을 찾으려
세월을 거스르며 방황했던가
흐름은 다시 오지 않거늘

진리를 찾아 젊음을 쏟았던 때도
참을 채우려 마음을 비웠던 때도
밤마다 어른거리던 허깨비 같은 것
손에 쥔 것 같던 모든 게
손을 펴니 쥐어진 건 아무것도 없네

살며 남겨지는 건
아직도 내가 살고 있긴 하지만
하얀 모래 위에 그려가는 그림일 뿐
파도가 밀려와 지워져 버리면
그림은 다시 찾을 수 없네

사는 게 이럴진대
무엇을 이 세상에 남기고
무엇을 가지고 떠나려나
한 세상 사는 게 바람결 흘러감이오니
하지만 바람도 내 추억만은 쓸어가지 못했네

# 아카시아꽃

아카시아꽃이 져갈 때
석별이 이리도 쓰라리다니
하얀 꽃잎은 눈송이처럼 흩날리며
이 가슴에 깊이 쌓여 가지만
꽃향기는 안개처럼 사라졌고
달콤했던 속삭임은 추억에 잠겨
서글픈 아리움만 흘려내린다

새봄에 꽃이 다시 필 때면
지나간 날을 되새기며
그녀에게 정중히 물으리라
'행복했었나요?'
이 한마디만

꽃잎이 다시 하얗게 덮어갈 즈음엔
아주 먼 곳에서 나는 이방인이 되어
속삭임이 색향(色香)에 묻히던 곳
거기를 다시는 찾아갈 수 없으리라
마음의 거리가 땅까지도 갈라놓누나

## 등잔의 심지

풀벌레 울음소리가 밤을 가르며
창밖에서 들려올 즈음엔
벽에 걸린 등잔의 심지 끝이
마지막 살을 태우며 몸부림치다
검은 그림자만 벽에 던져주고
타들어갔던 재를 남긴다
방 안엔 그을음 냄새가 깔린다

풀벌레 어디론가 떠나가고
어스름 달빛이 희미하게
창호지로 스며들 땐
어슴푸레한 방구석 어디에선가
시커먼 형체가 낯선 몸짓으로
한 타령에 맞춰 춤을 춘다
그 영혼은 심지처럼 되어간다

# 3부

# 여름 해변에서의 하루

# 해빙기

- 눈 녹아내리는 노래

소소리바람에 홍매화 향기 묻혀오고
성엣장 밑으로 개울물 흘러갈 즈음엔
눈꽃 덮였던 나뭇가지마다
여인의 가느다란 손가락 되어
가볍게 약동하며 흐노니
봄이 가슴을 열고 포근히 안아주누나

이어지고 이어지는 만남
그대는 항상 우리가
정다웠던, 즐거웠던, 슬펐던, …해서
여러 가지 이야길랑 속삭이며
지나곤 하던 해빙기에
눈 녹아내리는 노래를 부르곤 했는데

아아, 그 노래를 듣던 때가 언제였던가
이젠 내겐 마지막 잎새만 남았구나

## 봄의 향연

바람이 들판을 가로지른다
파란 하늘은 아지랑이 피어나는
청명한 산과 하나가 되어간다
조는 듯 잔잔한 햇살이 쏟아진다
영광의 빛이여
눈 덮여 차갑던 내 가슴에도
한 아름 채워주려무나

멧부리 잔설들이 녹아내린다
봄의 노래는 살아서 숨을 쉰다
정열을 불태우며 절규하던 연가와
봄을 향해 행진하던 저 들판
3월 바람은 노래가 되어
봄의 향연에 꽃을 뿌린다
가느다란 희열이 살터에 채워온다

## 유월의 소나기

쏴…
대지를 쪼개려는 비탄의 절규
줄기줄기 원한이 복받친 눈물이
한여름의 푸르른 하늘과 땅을 시샘하다
가슴을 치며 통곡한다

불안이 엄습한다
공포와 절망에 휘감긴다
깊은 곳에서 더 넓게 물결은 퍼져간다
을씨년스런 대학가 신작로를 벗어날 때
검은 구름 낀 하늘 보며
피할 곳을 찾는 군중
사방으로 흩어지는 한 떼의 무리
억센 빗줄기는 폭포처럼 쏟아지고
전차 궤도를 따라 급하게 흘러간다
유월의 소나기는 땅을 휘갈기며
내 가슴을 아리게 한다
아 얼마나 많은 집이 무너지랴
며칠 후엔 피서객이 계곡마다 덮치겠지
방송에선 이번 비로 가뭄이 해갈됐단다

# 새

서산마루에 저녁 해가 걸려있다
하늘은 붉게 물들어가고
대지도 온통 노을에 묻혀가고 있다
저녁은 경건한 적막 속에 잠겨간다
나는 보았다
날개 퍼덕이며 사라져 가는
외로운 새 한 마리
날고 날아가서 그 옛날
동무들과 노래하며 놀던 숲과 언덕,
꿈의 나래로 날아오르곤 하던 곳
어쩌면 그곳이 그 자신이 아니려나
새야!
이젠, 고독의 굴레를 벗어던지고
너 자신을 찾아라
하늘은 너를 위해 있고
그래서 있음이 존재하는 거야

# 지향

쌓여온 존재와 시간은
부조리의 신화일 뿐
나는 내일 없는 희망을
세계 밖으로 내던지고
참 나에게로 지향하며
나를 찾아간다

넓은 세계로
흘러가는 구름 한 점
무지개 꿈마저도
부조리의 허상일 뿐
나는 대상화된 나에게서
이방인과 조우(遭遇)한다

## 나는 네 심장을 읽었다

웃음 뒤에는
수많은 아픔이 따른다

하얀 이빨을 드러내며
희열에 잠겨 드는 광기

'너와 나'에게서
해가 뜨고 지는 날

너의 싱그런 웃음에서
나는 네 심장을 읽었다

## 봄은 이렇게 져가지만

언제 폈던가
하얀 꽃잎이 벌써 흩날린다
너와 나, 꽃인 듯
어느 땐가 피어났는데
이젠 져야 한다니
꿀 향기에 취해가며
봄을 노래하던 나는
아직도 그날에 머물며
먼 하늘 구름 사이로
피어오르는 너를 그린다
너와 함께 보냈던
나날 속을 거닐며

아린 가슴
강물에 흘려보낸들
애수의 순간이 잊혀지랴
희망을 속삭이던 꿈도
세월에 묻혀갔는데
나는 아카시아 꽃잎
꿀 속에서 날갯짓하던
그 몽롱했던 순간에서
깨어나지 않으리라

봄은 이렇게 져가지만
아직도 나의 시간은
지난날에 멈춰있다

## 이것 외에 무엇이 내게 의미 있으랴

봄이 소리 없이 다가와 안긴다
시린 꽃샘바람이 잔물결 흐름 되어
봄빛 연정을 살며시 안겨준다
봄은 새들이 전해주던 꽃노래도
바람에 실려 오는 자연의 연가도 들려주지만
이런 계절의 흐름이 애련(愛戀)한 맘엔
알 수 없는 형체의 그림자처럼 다가올 뿐이다

어느새 가로수엔 새잎이 움트고 있다
유채화는 남녘에서 숨 가쁘게 달려온다
사람들은 봄맞이로 분주하게 오간다
시간은 무엇으로 채워졌는지 알 수 없는
이 공간에 예외 없이 사람을 가둬놓는다
봄 치레로 가슴앓이하는 그녀에겐
봄이 쓸쓸한 슬픔의 계절이다

나는 여명이 틀 때까지
뜨거운 입김, 그녀의 가슴에 불어넣다
그녀의 그윽한 눈에 취해 잠이 들었다
새날엔 그녀 가슴에 무엇이 열리려나
검푸른 늪에서 벗어난 애상(愛想)의 물결
영롱한 색의 조화로움에서 피어오를

나는 그녀에게서 환희의 웃음을 보고 싶다

이것 외에 무엇이 내게 의미 있으랴

# 나는 그대의 심장에서 밤을 새웠네

그대 두덩에 누워 내 가슴이 뛸 때는
그대여!
꿀로 채워진
탐스러운 열매를 내 입에 넣어주오
내가 단꿈을 꿀 때는
그대의 입술로 나를 취하게 해주오
내 가슴에서 얼마나 많은 설렘이
우리의 역사를 만들어 왔던가

수풀 속 햇빛은 우리의 시간을 잊고
저녁놀을 재촉하는데
어둠이 나려 이젠 우리만 남았네
아아, 이 경건한 시간!
하지만 초저녁별은 유난히 외롭고
꽃잎 스치는 바람은 몹시 잔인하오
멧새 떼 지저귐에 잠을 깨어보니
나는 그대의 심장에서 밤을 새웠네

# 여행 엽서 · 1

선!
여름의 해그림잔 길다지만
우리에겐 너무 짧구나
야속하게도 마지막 기차에는
헤어져야 하는 시간만 실려 와
숙연한 맘으로 태연 하려 했건만
일렁이는 이 연정을 잠재울 순 없었지

경주, 우리에겐 인연의 땅이었다
수양버들 늘어진 역전 분숫가에서
너와 눈 맞춰가며 했던 언약
우리의 만남은 불변하는 영원이라고
서로의 가슴에 섞으며 했던 우리만의 약속
차창 밖 달빛에서 나는 네게 머물러있다
안녕!

- 경주를 떠나며 1964. 7. 21.

## 여행 엽서 · 2

선!
바다 냄새와 파도소리,
별이 쏟아지는 밤에 취하여
밤 깊도록 모래를 밟으면서도
내 눈에 담긴 너의 얼굴
너에게 여름밤 별 편지를 띄운다
아직도 네 곁에 있는 것 같은
이 마음, 그게 무언지 말해다오

파도에 밀려오며 울부짖는 바다
검은 모래알, 내 맘에 쏟아내는 몸부림
시간은 밤에 잠겨 흐르지 않고
은하수에 맞춰진 모래시계는
내일을 잊고 파도에 스며가고 있다
꿈길에선 우리의 시간이 돌려지리라
한 아름 별을 따서 네게 보낸다
안녕!

- 제주, 별밤 바닷가에서 1964. 7. 26.

# 여행 엽서 · 3

선!
젊음이 작열하는 이 해변에서
해를 품은 바다는 열기를 식힐 듯
흰 거품 일으키며 밀려왔다 사그라지누나
모래 위에 남겨진 발자국마저도 삼키며
거기서 새로운 생명이 잉태하고
거기서 새로운 세계가 펼쳐질 텐데

저녁놀 등에 지고 여길 떠난다
'이별의 부산정거장'이 애조롭게 흐느낀다
그러나 내 마음은 네 곁, 경주에 머물러있다
너는 듣고 있느냐
기적(汽笛)에 실려 보내는 내 마음을
우리에겐 내일이 여물고 있다
안녕!

- 해운대 해변에서 1964. 8. 1.

## 여름 해변에서의 하루

여름은 젊음을 불태우라고 한다
시간은 내일을 잊으라고 한다
광란의 자태엔 오늘만 있을 뿐이다
여름 해변의 오후
바람이 햇살에 스민다
파도엔 푸른 물빛이 넘실거리고
흰 거품은 사그라져 자취를 감춘다
고독한 군중이 꿈꾸는 피안의 세계
그곳, 저 세계에서도
순간의 희열은 물거품이 않이리오

별똥별 쏟아지는 밤에 취해가는
여름밤의 해변
새벽 무렵까지도 이어지는 광란
내일이면 젊음도 파도에 쓸려갈 텐데

# 이제 나는 너를 어디서 찾으랴

여름이 태워버린 꽃
저 갈급한 가슴에
사랑을 속삭이곤 했건만
어둠이 덮이면
가슴에 고이 품고
밤 깊도록
시간을 잊곤 했건만
세월은 이 시간마저
한순간에 앗아가 버리니
이제 나는
너를 어디서 찾으랴

## 가을 색깔

내 입술에 물집이 생기기 시작할 때면
내 몸에선 가을이 시작된다
낙조에 빗겨진 음영은 쓸쓸하고
애수의 그림자는 외로움에 몸을 떠는데
이 역시 내게 가을 색깔로 다가온다

날마다 무언가 그려가며 덧칠하다
어느 날 한 폭의 수채화를 그려놓곤
무슨 말을 하려는 듯 거칠게 숨쉬며
입을 오물거리던 너
몸을 곱게 물들여가며
정염에 생명을 태우곤
향기만 남기고 자연에 묻히니
젊은 날 너와 함께 지냈던
내 몸에 밴 네 살 내음에 취하며
이 가을, 가슴속 너를 애절히 흐논다

# 빨간 일기장

가을바람 우수수 부니
붉은 단풍잎이 춤을 추누나
또다시 바람이 불면
멀리 떠나야 할 텐데

어느 소년이 낙엽 한 잎을
빨간 일기장에 꽂아놨는데
봄이 되니 청아한 꽃이 되어
소년의 품에서 피어났다

## 정의

진통이 나와 나를 헤집어 놓는다
촉촉이 적셔진 눈은 광채로 번뜩이며
새 시대의 나를 빚어가고 있다
씁쓸한 웃음이 침에 묻힌다

정의를 외치는 군상이여!
그대들의 피 끓는 혈기와 외침은
한순간의 풍전등화일 수도 있으리라
어쨌든 오늘이 내일을 열 순 없다네

나는 저들을 향해 미친 듯이 소리쳤다
- 산을 평지로 만드는 게 정의가?
- 정의를 외치기 전에 자신을 돌아보라!
- 정의란 이웃을 나로 보는 것이다

내게 쏟아지는 욕설과 조소, 손가락질
내 입에선 웃음이 출렁였다
정의란 힘으로 만들어지는 게 아닌데…
그날 이후 나는 웃음을 잃었다

# 그날도 눈이 내렸다

눈이 내린다
시원의 메아리는
땅끝 어디론가 사라지고
하늘은 깊은 침묵에 잠긴다
대지는 뽀얗게 피어나며
눈 이불을 펼친다

눈이 내린다
바람결에 눈보라 일으키며
내게도 눈이 쌓여가고 있다
석별의 아린 맘에
검은 침묵, 하얗게 덮어가며
그날도 눈이 내렸다

# 4부

# 겨울 편지

## 바람 부는 날

새벽은 비바람이 불며 시작됐고
차가운 공기를 가르며 열렸다
먹구름이 하늘을 덮으며 밀려온다
아픈 헤어짐으로 눈물을 흘리던 날도
내 마음엔 비바람이 세차게 몰아쳤다
네가 나를 떠나야 했던 슬픔을 드리우며

창밖의 솔숲이 비바람에 흐느끼며
넋 잃은 듯 몸을 몹시 떨고 있다
솔잎은 하염없이 눈물만 흘린다
바람아 세차게 불어와 마음의 아림도
석별의 쓰라림도 씻겨져 잊게 해주렴
이젠 세월도 꽤 흘렀으니

하지만 풋풋했던 우리의 학창시절은
아직도 내 맘에서 씻겨지질 않누나

## 황혼의 빛

황혼의 빛이 서산으로 넘어간다
그 빛에는 숱한 빛도 묻혀간다
그러면서도 어둠 속 빛의 잔영은
그림자로 쏟아져 내린다
대지는 적막감에 휩싸인다
마른 가죽으로 덮인 갈빗살 위에
어둠 속 빛은 또 다른 빛으로
밤하늘을 가르며 채워져 온다
그 이후에는 황혼의 빛도
정처 없이 가야 할 황량한 들판도
한갓 꿈인 듯 영원에 삼켜져 사라지리라
그리고, 그럴 수도 있음직한데
물론 그건 믿음으로 채워진 것일 테지만
더 밝은 빛 속에서 깨어나지 않으랴

# 빈 무덤

오늘,
저 바위굴에
가시관이 씌워진 시체가 놓이리라
조객들은 둘러서서
요단강 저편의 피안을 노래하며
그와 영결의 입맞춤을 하리라

먹구름이 해를 가리고
천둥소리가 하늘을 쪼갤 듯하던
그날 그리고 며칠 후
다시 찾은 그곳엔
흙먼지만 쌓여있는데
거기서 누구를 찾으려나

# 더 높은 세계로

소망을 품고
기다리지만은 않으리라
마음을 열고
산산이 흩어져 아린 가슴에
맑은 영혼으로 채우며
더 높은 세계로 날아오르리라
믿음의 나래를 펴며
내일이 오늘이 되어오는 곳
어찌 그곳에 기쁨도
사랑도 없으랴

# 의식의 경계를 넘어

존재의 범주는 시간의 역설이다

태어난다는 것은 관계에 얽매인다는 것
살아간다는 것은 살면서 죽어간다는 것
사랑한다는 것은 성욕을 성화한다는 것
기다린다는 것은 시간을 저주한다는 것
실연했다는 것은 연정을 배워간다는 것
허무하다는 것은 욕망에 집착한다는 것

깨달았다는 것은 속살을 맛보았다는 것
상실한다는 것은 자신을 발견한다는 것
포기한다는 것은 여유를 찾아간다는 것
헤어진다는 것은 시간을 움켜쥔다는 것
고독하다는 것은 알몸이 되어간다는 것
죽어간다는 것은 자궁을 찾아간다는 것

그러면서도 영생을 믿는 건 죽기 싫다는 것

## 노동

오늘의 노동이 고달파
해도 재 넘어 쉬러 가려나
붉은 맘 수줍어 고이 품고
마지막 입맞춤을 하고 나니
서녘엔 어스름이 드리우누나

노동하는 자만이
삶을 말할 수 있으며
숨쉴 수 있는 자만이
삶을 경외할 수 있으리니
노동은 산자의 축복이리라

나는 숨 쉴 수 있기에
노동할 수 있으며
노동은 숭고하기에
내 영혼은 해처럼
내일도 하늘을 달리리라

# 천사의 음성

까만 눈동자를 반짝이며
그윽한 눈빛으로 바라보던 소녀가
야성미 넘치는 앞가슴을 내밀며
신화 같은 이야기를 들려준다

잠깐씩 침묵하다, 말을 잇곤 하더니
시체처럼 말 없는 내가 지루했던지
맘에 숨겨둔 속살을 살포시 드러내며
꺼칠한 입술로 내 귀를 간지럽힌다

아… 속삭일 때, 그 뜨거운 입김!
산나물 향기가 묻어나는 이 냄새!
하늘의 영광은 이 숲속에 나리고
천사의 음성은 내 가슴에 여문다

## 주의 동산에서*

주여!
세상 젊은이들과 성별 된 자녀들이
주의 동산에서 주일을 경건하게 맞나이다
가을빛 짙어가는 이 하루를 온전히
당신께 봉헌하오니 받아주소서

주여!
아름다운 자연에서 주의 솜씨를 찬양하며
죄의 역사에서 구속의 섭리를 보나이다
자연의 산천초목에서 주를 만나며
주의 놀라운 사랑과 은총에 감사하나이다

주여!
어린 양을 잔잔한 물가로 인도하셨듯이
이들의 갈급한 심령에 생명수를 채워주소서
성부 성자 성령의 역사가 이 자녀들에게
이제로부터 영원토록 함께하소서

---

* 1965. 10. 3, 광릉, 수도여자사범대학 부속 교회 야유예배에서.

## 참 빛을 찾아

하늘을 주홍빛으로 물들이며
해가 지평선 너머로 기울인다
어슬녘 들판에 바람이 몰아치니
아스라한 그리움이 내게 메아리친다
모정(慕情)의 한이 지친 내 몸에 밀려오며
내 생명엔 끝없는 아픔이 스친다
어둠에 삼켜지는 나 자신
이젠 내게 있는 것은 아무것도 없어라

나를 내어주고 또 하나의 나를 만날 때
나와 나와의 부조리한 모순과 대립도
나의 나로 되어간다
들새 떼 무리 지어 난무하며
창공을 울리는 노랫소리
자유의 날갯짓이 귓전에 맴돈다
이제 어둠이 짙게 내려진 들판 저 아래로
참 빛을 찾아가련다

## 이 희열에 취해 나는 옷을 벗는다

묵상하다 어느 찰나에 나는 나를 찾아내기도 했고 독백의 과정에서 참을 깨닫기도 했다 하지만 고독은 나와 나의 나를 얽어매며 더 심원한 경지에서 나를 찾아온다 고독은 어둠 속 좁은 공간에 나를 가둬놓지만 내 영혼은 어느 순간 높은 세계로 지향한다 시간의 즐거움은 밤의 향락에 취하지만 고독한 밤은 내가 나 자신을 볼 수 있도록 나를 벗겨가는 순간이다 이 희열에 취해 나는 옷을 벗는다

## 음악과 시
### - 죽음 이후의 세계에서도

1
메밀묵 장수의 외침이 사라진 지 오래되었다
야경꾼의 딱따기 치는 소리도 들려오지 않는다
밤은 점점 더 깊어만 간다
일기, 시, 연애편지, 음악, 상상의 날갯짓
물론 꿈과 내일에의 흥분 같은 것
이런 것이 매일 밤 나를 유혹한다

2
언더우드 타자기, 세이코 손목시계
아버지 쓰시던 오래된 만년필
그다음으로 아끼는 게
손바닥만 한 히타치 트랜지스터라디오
볼륨을 낮추어 귓가에 놓고
밤의 적막 속으로 흐르는 음악
밤마다 내 영혼을 취하게 한다
스탠드 밝기를 조절하여 실내를 어둡히고
명상에 잠기듯 눈을 감고
음색과 선율에 녹아든다
순간을 애절하게 승화시킨다

3

나는 음악을 좋아하고
음악의 세계를 동경하지만
거기서 시상이 번득일 때의 희열
거기에 도취돼가는 것을 즐긴다
밤은 깊어가고
내가 가끔 시간을 잊어버려
동창이 어스레해 올 때
원고지엔 시상이 스케치되곤 한다

4

음악과 시,
소리의 예술이며 언어의 주술이 아닌가
음악은 소리로 공간의 흐름을 조화해 가고
시는 언어로 시간의 흐름을 표현하니
죽음 이후의 세계에서도
음악은 영혼의 노래로 이어질 게 아닐까
죽은 자들이 들려주는 음악,
나는 저들에게 시를 낭송하고 싶구나
그대여 영혼불멸을 믿는가
그렇다면
영혼은 영원과 무한의 차원에 존재하는 것
그것을 부정할 수는 없을 테지
에덴도 시간적 공간이 아닌가
거기선 영원한 무한이라고 하는 듯한데

## 만추

가을밤은 깊어 가는데
이별의 아림은 묻혀가지 않누나
비는 풀섶을 적시며
겨울을 재촉하고
빗소리에 실려 오는
애련한 속삭임은
추억을 새록여
나는
남포등 심지 돋우는 것도 잊었네

어둠을 밝히다 남겨진
잔상의 새까만 속마음
공간에서 시간으로
내겐 그리움만 되새기누나
姬!
그대는 아는가 이 속앓이를
풀잎은 바람을 타지만
그대 마음은 풀잎이 아닐 텐데
차라리 내가 바람이었다면

## 여운

너와 나를 찢어놓은
석별의 아픔은
시간이 삭여줘야 할
헤어짐의 여운이어라

솔밭 사이로 흐르는
가을 녘 시냇물 소린
우수에 어린 내겐
너의 거친 숨결이어라

내 맘에 속삭이는
가을밤 너의 음성은
서글픈 그리움이 남긴
흐느낌이어라

# 향취

나는 태어난 곳 흙 한번 밟아보지 못하고 월남민이 되어 '이북내기'로, 집시 같은 뜨내기로 살아왔다 이젠 정착지 흙 밟아가며 누볐던 이곳 산하강산, 내 영혼에 채워진 향취(鄕醉)*, 나를 나되 게 한 바로 이 땅, 이 흙내음 그 정취가 내게 고향스레 다가와 내 가슴에 고향의 그리움을 깊이 여민다 아, 내 영혼의 고향이여! 내 노래를 그대에게 바치노라

그리움이란 무엇일까 타향살이 서러워 잠 설치며 밤지새우는 이방인에겐 흙내음 물씬 밴 동화 같은 시골집 잔상이리라 그 앞으로 흐르는 개울의 징검다리와 도랑을 따라 흘러와서는 물레방아 휘두르고 거품 일으키며 흘러가는 물줄기며, 추수를 마친 휑한 논밭에 줄지어 앉아있는 철새들, 나서 자랐고 지금도 부모 형제자매가 옹기종기 모여 소박한 살림살이 꾸려가며 화목하게 지내고 있는 고향이리라 여기에 불장난하던 풋내나는 정사(情事) 한 가락도 빼놓을 수 없나니 건넛마을 순이의 곱다란 눈 맵시는 어떠하랴 재잘거리는 귀여운 소녀의 입술은 가슴이 설렐 때면 살며시 눈을 감는다

해가 져가는 서산에 어둠이 덥혀오고 대지에 적막이

---

* 향취(鄕醉) : 고향의 정취가 배어나는 그리움의 정서

스밀 때면 풀숲에선 온갖 속삭임이 시작된다 어디선가 한 맺힌 가락도 구슬피 들려온다 그리움엔 독수리의 날개가 달려있다 고향이 아득히 멀어도 모든 것을 내려놓고 망향의 한을 달래곤 할 때면 고향은 벌써 그리움에 잠겨 든다

고향! 초가의 흙내음도 좋고 흙먼지 이는 방바닥이면 어떠랴 그곳에선 애정이 꽃피고 있는데 어찌 그곳에 그리움이 없으랴 언덕 자락엔 아직도 은빛 억새가 무성하련가 동무 생각도 새록인다

아, 고향의 그리움이여!

## 그리움

교회 차임벨이 새벽을 깨운다
낭랑히 울리는 소리도 은은한 여운도
가까이 오는 듯 멀어져 가는 듯
오늘은 내게 서글프게 들려온다
헤어진 아픔이 가슴을 찢는 것 같아서일까
나는 알 수 없어도 그대만은 알고 있으리라
내 고뇌의 쓰라림이 어디서 오는지

통행금지 시간이 풀릴 때까지
아련히 떠오르는 그대 얼굴 그리며
잉크 얼룩 마르기도 전에
쓰다 다시 쓰고 또 쓰곤 했건만
말없이 맴돌던 얼굴
안개처럼 피어오르는 그리운 마음을
그대에게 띄울 수 없다니

기숙사 숲길 거닐며 희망을 속삭이곤 했던
별을 세며 이상의 나랠 펴기도 했던
젊은 날 우리의 숱한 이야기
이젠 아련한 추억에 서려
이 밤엔 그리움만 깊어간다
설레던 기다림은 한갓 꿈이었던가
그대가 남긴 약속 아직도 내 맘에 메아리친다

# 가을밤 적막에 묻혀가며

눈을 감지 않아도
어둠이 누리에 덮이기 시작하면
심장이 고동치는 소리
그 외에는
바람조차 잠잠하다

서리 이슬에 가을밤은 적셔지고
하늘엔 어둠이 스민다
별들은 창생을 노래하고
바다는 모래 벌을 이뤄가며
태고의 전설을 토해낸다

가을밤 적막에 묻혀가며
나는 내 품에 우주를 빨아들인다
하지만, 어쩌면 나도 모르게
내가 우주 속으로 빨려 들어가며
나를 찾아가고 있는지도

# 경계 선상 위에서

1
시원의 음성이 들려오는 곳
거기로 날아가려는 새야!
너의 날개로 하늘을 저으며
무한 속으로 날아가려는 날갯짓
생명이 태동하는 거기
유한을 넘어서는 경계 선상 위에서
무한에로의 안간힘을 하지만
너는 시간과 영원
그 한계를 가늠할 수 없는데
유한의 검은 흙을 밟으며
지열을 느끼면서도
하늘로 날아오를 때마다
너의 눈동자는
원초의 들녘을 동경하고 있구나

2
바람이 나무 잎새를 스쳐 간다
봄비는 대지의 꽃잎을 적시며
청초론 푸르름을 분무처럼 뿌린다
자연은 철 따라 소생하고
꽃은 피고 짐을 거듭하지만

인생은 줄타기 곡예사처럼
이곳과 저곳을 가르며
이율배반적인 모순 속에서
푸른 희망을 찾으려 한다
하지만 밤이슬에 남겨지는 것
그건 모래 위의 발자국일 뿐
너와 내가 한 몸인 듯 엉켜 걸으며
그 경계 선상 위에서
인생을 찬미했으니

## 겨울 편지

눈설레는 새벽하늘엔
어둠만 길게 드리워
겨울의 흐느낌이 우울하다
눈과 바람과 하늘의 어스름
수채화로 그려진 이 겨울이
봄 향기로 스며올 때까지
나는 밤마다 너에게
겨울 편지를 쓰련다
눈물로 잉크가 번져도
남포등 심지 돋우고
쓰고 다시 쓰며
너와의 그때를 그리련다
너의 꽃 편지 가슴에 고이 품고
함께할 시간을 펼쳐보며

〈작품해설〉

# 시원(始原)의 세계를 향한 순수 원형의 기억들

- 한승홍의 시세계

유성호(문학평론가, 한양대학교 국문과 교수)

〈작품해설〉

# 시원(始原)의 세계를 향한 순수 원형의 기억들
## - 한승홍의 시세계

유 성 호(문학평론가, 한양대학교 국문과 교수)

### 1. 한승홍 시의 발생론적 기원

한승홍 시인의 작품은 신성한 세계에 대한 선연한 기억과 삶에 대한 존재론적 자각에 견고하게 기초하고 있다. 시인은 존재론적 기원(origin)으로서의 지난날을 애잔하게 호명하면서 우리가 궁극적으로 깃들이게 될 시원(始原)의 언어를 아름답게 들려준다. 그만큼 그는 '그리움'이라는 낭만주의적 기율을 바탕으로 하여 자신의 경험과 기억을 떠올리고 우리에게 건네준다. 그런가 하면 그의 시는 개별성과 보편성을 통합함으로써 서정시가 개인적 경험의 결과이면서 동시에 한 시대를 표상하는 보편적 양식이 될 수 있음을 알려준다. 우리는 그가 건네는 구체적 사물과 상황 안에서 일상의 시선으로는 지나치기 쉬운 경험적 이치를 목도하게 된다. 한승홍 시의 이러한 미학적 성취는 시인 특유의 경험적 발견을 여러 측면에서 가능하게 하면서 한 편 한 편의 완결성과 그것들끼리 결속하고 통합하는 연대감을 두드러지게 해준다. 그렇게 그의 시세계는 돌올(突兀)하고 중중한 언어와 사유로 직조됨으로써 우리의 삶을 감싸는 은은한 고백록이자 풍경첩이 되어간다. 이러한 세계의 관문으로 우리는 「序詩 – 백양로의 사계는 시계의 녹원이었다」를 먼저 읽어보아야 할 것이다. 이 작품 안에는 한승홍 시의 발생론적 기원이 숨겨져 있기도 하고, 그 근저에는 지난날 그가 가장 소중하게 각인해왔던 삶의 가치랄까 마음의 흔적이랄까 하는 것들이 순수 원형으로 숨쉬고 있기 때문이다. 천천히 소리 내어 읽어보면 더 실감 있는 전언(傳言)을 들을 수 있는 작품이다.

1

백양로 가로수에 새잎이 돋을 즈음 황톳길 흙먼지는 내 눈을 정겹게 아리었다 길은 멀고 까만 교복의 행렬은 끝이 없던 시절, 반짝이는 눈동자엔 섬광이 번뜩였고 진리와 자유의 노래는 메아리치며 젊음의 기상을 드높였다

나에겐 깊은 연으로 맺어진 친구가 많았다 몇몇 여자친구는 내게 뜨겁고 달콤한 향기로 다가와 눈을 맞추며 속삭이곤 했다 나는 저들의 풋풋한 몸 내음에 취해가며 젊음의 환희에 빠져들곤 했다

노송 숲 둔덕에 누워 꿈 나래를 퍼덕이며 날아오르곤 하던 때 우거진 숲속에서 들려오는 종달새 노랫소리에 내 마음엔 시상이 불처럼 피어올랐고 가슴은 몹시 뛰곤 했다 이상향이 손에 잡힐 듯 맴돌다 멀어져가곤 하던 때

> 2
> 나의 시상은 창세의 시원에서 피었고 자연에서 익어갔다 여름이면 자연과 만나려는 방랑벽이 도져 떠나고 싶으면 어느 때고 나는 그 유혹을 뿌리치지 못하고 산촌이나 바다로, 때론 깊은 산사로 가곤 했다 거기, 자연의 시원에서 나 자신도 자연이 되곤 했고 그때의 희열은 내게 서툴고 투박스럽게 그려졌지만 나를 드러내는 고백이며 나 자신의 독백이었다

진리와 자유의 노래를 부르던 학창 시절, 백양로 가로수마다 새잎이 돋는 봄날에 '청년 한승홍'은 빛나는 섬광을 눈동자에 담고 자신만의 기상을 높여갔다. 사랑하는 이들과 함께했던 풋풋한 젊은 날의 환희는 지금도 기억에 선하기만 하다. 그렇게 찬연한 꿈과 시상(詩想)으로 가득했던 그 시간은 시인으로 하여금 이상향과도 같은 시절을 누리게끔 허락하였다. 이때 그가 얻어갔던 그 시상은 "창세의 시원"에서 피어나 자연 사물에서 성숙의 계기를 얻어가게 된다. 그리고 시인은 여름만 되면 자연 속에서 방랑하고 마침내 자연 자체가 되어가곤 했는데, 그때의 희열이야말로 비록 서툴고 투박했지만 '나'를 온전하게 구성해낸 성숙한 시간으로 이어져갔다. 여기에는 '시인 한승홍'의 성장 서사가 깊이 매개되어 있으며, 젊은 날의 사랑과 우정과 방랑과 예술혼이 간단없이 흐르고 있다. 그때 시인은 처음으로 "사랑과 영원의 속삭임이 물보라를 일으키며"(「흑진주」) 다가오는 것을 온몸으로 느꼈을 것이기 때문이다. 그리고 그를

감쌌던 섬세하고도 선명한 울림과 떨림은 가을과 겨울로 지속하여 이월해갔다.

3

가을엔 슬픈 그리움이 애잔하게 스멀거리며 내게 밀려오곤 했다 나는 밟히며 부서지는 낙엽의 사각거리는 소리에도 가슴이 저미곤 했다 어느 날엔 청명한 하늘에 흘러가는 구름 따라 나도 구름이 되어 어디론가 가고 있었다

음악 감상실은 연인들의 갈대숲이었다 이곳에 깊숙이 파묻혀 눈동자를 맞춰가며 그윽한 눈빛으로 대화를 이어가곤 하던 그 날, 일기 곳곳엔 잉크 빛으로 그려놓은 그녀 얼굴뿐 쓰다 지우며 몇 줄 긁적이다 밤을 잊곤 했는데 어느새 그녀는 내 가슴에서 뜨거운 입김을 뿜어내며 거칠게 숨쉬고 있었다

갈바람은 폐부까지도 찌르는 듯 나를 아프게 했다 쓸쓸한 오솔길, 낙엽길, 외딴 고갯길은 겨울 문턱에서 내게 더욱 아린 시간의 서정을 채워놓았다 가을앓이가 나를 괴롭힐 땐 떠오르는 시상이 나를 안아주며 다독였다

4

벌거벗은 백양목이 눈옷을 입었다 함박눈은 황톳길을 눈포단으로 덮어갔다 이즈음, 거리 곳곳에선 크리스마스 캐럴이 겨울의 정감을 쏟아내곤 했다 어느 겨울엔 눈이 많이 내렸다 눈 내리는 밤의 데이트는 젊음에 나리는 행운이라며 우리는 걷고 또 걸었다 또 한해가 저물었다 내게 남겨준 것은 숱한, 너무나 멋진 만남이었다

가을은 모든 사물이 원래 있던 제자리로 돌아가는

계절이다. '청년 한승홍'도 그리움이 애잔하게 스며오는 시간을 가슴으로 맞는다. 낙엽 부서지는 소리와 청명한 하늘에 흘러가는 구름을 따라 마음의 부력(浮力)을 느끼기도 했다. '음악'과 '대화'와 '일기'로 이어져간 사랑의 마음이 뜨겁고도 거칠게 숨쉬고 있던 시절이었다. 언제나 폐부를 찌르던 '갈바람'과 아리도록 선연한 서정을 선사했던 수많은 길들, 그리고 그 길을 따라 찾아온 겨울 문턱에서 시인은 가을앓이를 넘어서는 시상을 얻곤 했다. 캠퍼스에 눈옷을 입은 백양목이며 함박눈으로 덮인 황톳길을 바라보면서 "겨울의 정감"을 물씬 느끼기도 했으리라. "눈 내리는 밤의 데이트"도 젊음의 행운처럼 남아 "너무나 멋진 만남"을 선사해주지 않았던가. 그렇게 시인은 사계 내내 캠퍼스의 외경(外境)과 스스로의 내면을 조응(照應)시켜가면서 자신의 성장 리듬을 눈부신 고백으로 들려준다. 그 리듬 사이로 "시원의 음성이 들려오는"(「경계 선상 위에서」) 순간과 "신성함/가슴에 스며드는"(「면사포를 살포시 벗고」) 장면을 속속들이 기록해간 것이다. 아름답고 융융(融融)하기만 하다.

5

고등학교 때부터 열독했던 한국 시선들 그리고 서양 시집도 구하는 대로 읽고 반추하며 나는 시의 세계를 유영하곤 했다 나는 자연주의와 낭만주의 시를 즐겨 탐독했으며 이런 시풍이 내 기질에 퍽 가깝게 다가왔다 내겐 시

가 나 자신을 그려가는 풍경화였고 내 삶의 여정에 내 세계관을 펼쳐놓는 담채화 같은 것이었다

나에겐 내세울 만한 시류의 족보도 없고 수련과정의 학습도 체계적 배움의 기회도 없었다 느닷없이 떠오른 표상을 휘갈겨 놓은 낙서 같은 것일 뿐 하지만, 나는 문단의 높은 장벽을 의식하지 않았다 집시에겐 고향이 없고 뜨내기에게 친구가 없으며 나그네에겐 가족이 없다 그렇지만 해달별은 나를 시상으로 덮어주는 친구였고 강과 호수와 초원의 푸른 풀밭, 바다와 산… 이들은 나의 고향이며 가족이었다

6

백양로를 거닐던 6년간의 발걸음은 내게 시로 채워진 24계였다 그곳이 내 시계의 녹원이었다 나는 순수한 영혼의 세계에서 문학의 풍류와 시의 진폭을 넓혀갈 수 있었다 이때 나는 니체, 릴케, 휄더린 등을 깊이 읽었다 내 시의 고향이 아련한 그리움으로 되새겨져 온다

아직도 풋내가 물씬 나지만 정성껏 키워온 첫 열매를 아련히 떠오르는 그리운 얼굴들, 젊음을 함께 보냈던 친구들에게 바친다 내게 시의 서정을 안겨준 그 시절을 그리며

그렇게 생성되고 성숙해간 그의 시상(詩想)은 이 대목에 이르러 진정한 성장 서사를 드러낸다. 가령 시인은 고등학교 때부터 열독했던 한국의 시선(詩選)이니 서양의 시집들을 떠올린다. 그것들을 반복하여 읽고 반추하면서 그의 시는 자신의 성정(性情)에 맞는 "나 자신을 그려가는 풍경화"이거나 "세계관을 펼쳐놓는 담채

화"가 되어간 것이다. 비록 내세울 만한 계보나 수련 과정도 없었지만, 그는 "해달별"을 친구로 삼고 "강과 호수와 초원의 푸른 풀밭, 바다와 산"을 식솔로 여기면서 시인으로서의 자의식을 충일(充溢)하게 키워갔던 것이다. 이제 생각해보니, 시인 자신의 성숙을 가져다주었던 학창 시절 6년간은 '시'로 가득 채워진 세월이었고, 그때 그곳이야말로 "시계의 녹원"이었던 셈이다. 순수 영혼의 세계에서 시의 진폭을 넓혀갈 수 있었던 그는 "니체, 릴케, 휄더린 등"을 흡수하고 넘어서면서 "시의 고향"을 바라볼 수 있게 된 것이다. "그리운 얼굴들, 젊음을 함께 보냈던 친구들"에게 시를 바치는 '시인 한승홍'의 원숙한 서정이 소중하게 다가오는 순간이 아닐 수 없겠다.

이처럼 그에게 남은 기억은 그 스스로에게도 "소리의 예술이며 언어의 주술"(「음악과 시」)로서의 '시'를 선물로 전해주고 있다. 그 안에는 "새 하늘과 새 땅에 울리는 소리"(「다 이루었다」)도 들어 있고 신성한 존재가 들려주는 시원의 밀어도 충만하게 울리고 있지 않는가. 그래서 이 작품은 '시인 한승홍'이 앞으로 시를 써갈 어떤 원형을 예비해준 '서시(序詩)'였고, 백양로에 찾아온 사계(四季)를 "시계의 녹원"으로 경험했던 젊은 시인의 모습을 아련하게 전해준 삽화였던 것이다. 그리고 우리는 이 작품을 통해 한승홍 시의 발생론적 기원과 함께 순수 원형으로 숨쉬고 있는 그의 시심(詩心)을 바라볼 수 있게 된 것이다.

## 2. 기억의 지층과 그리움의 시학

이어서 우리는 한승홍 시학이 구축해낸 기억의 지층을 더 깊이 탐사해보도록 하자. 시인은 강렬한 기억을 신(神)의 섭리로 받아들이며 시간을 이어가야 했던 자신만의 존재 방식을 섬세하게 재현해간다. 섬세하고 점착성 있는 언어를 통해 오랜 시간의 흐름 자체가 곧 삶의 형식임을 정성스럽게 증언해간다. 시간의 속도보다는 깊이를 전면에 내세우는 상상력을 통해 삶의 현저한 역설에 다다르는 역동적인 과정을 보여주는 것이다. 우리도 그 과정에 동참하면서 아름답고 오랜 마음의 흐름을 느끼게 된다. 그때 시인의 마음에 착색되는 정서는 대체로 '그리움'으로 나타나는데, 한승홍의 시가 보여주는 발견과 회귀의 과정 또한 이러한 속성에서 그다지 멀지 않다. 우리는 사물의 구체성과 다양한 언어를 통해 회감(回感, Erinnerung)의 과정을 변주하며 그것을 본질적인 인생론적 가치로까지 확산해내는 한승홍 시에서 서정의 원리에 충실한 그리움의 시학을 산뜻하게 바라보게 되는 것이다. 그 그리움의 대상은 고향이나 유년 시절 그리고 잃어버린 순수 원형의 기억을 향하고 있다. 다음 작품을 한번 읽어보자.

지금쯤 고향에도 봄이려니

점례도 집을 나가고
말순이마저 서울로 떠난 마을
이젠 산나물 캐며 재잘거리던 계집아이들
봄맞이 꽃놀이를 어디서 볼 수 있으랴
푸른 하늘 어디론가 흘러가는 구름아
내게 아무 말이나 하고 가렴
봄나물 캐서 읍내 장에서 보리쌀 한 되 받아오던
5월이면 저 들녘이 온통
먹거리 풍성한 보리밭으로 보이던 시절
물로 허기 잠재우며 보내던 숱한 나날들
그래도 고향엔 부모 형제자매가 있고
멱 감으며 물장난 치던 개울에서
꿈의 나래에 순정이 꽃피던 곳
마음마저 설레어 싱그럽지 않았던가

빔 별빛이 이슬 맺힌 눈에 반짝이는데
아아, 이젠 날 기다리던 어머니의 모습도
밤이 늦었다고 꾸짖으시던 어머니 음성도
되새길 수 없는 꿈 같은 그리운 어제려니
고된 서울살이에 이상은 한숨에 묻혀버렸고
집시가 되어 이곳저곳으로 유랑하는데
내일엔 어느 곳에서 밤을 맞으려나
앳된 얼굴에 그윽이 잠기운 눈동자엔
나이 차면 내려와 시집가라며
잡은 손 놔주지 않으시던 어머니 얼굴뿐
아아, 언제쯤 고향에 가려나
별무리에서 외로이 떠돌던 작은 별 하나
불타는 꼬리를 길게 달고서
아득히 먼 곳으로 사라지는데

돌짬에선 귀뚜라미가 처량히 우누나

—「집시 소녀」 전문

고등학생 시절인 1959년 8월에 창작된 이 시편은 '집시 소녀'라는 아련한 표상을 자신의 내면과 등가화하면서 시인 자신을 들여다본 일종의 성장시(成長詩)라고 할 수 있다. 고향에도 봄이 찾아왔지만, 어디서도 화사한 봄맞이를 하지 않을 것 같은 상상을 해보는 데서 이 작품은 시작된다. 구름처럼 시간이 흘러가고 '봄나물 / 보리밭'으로 환하기만 하던 시절도 저만치 사라져갔다. 고향에는 부모와 형제자매가 있고 순정이 꽃피던 시간이 있었지만, 이제는 그 모습을 되새길 수 없다. 그렇게 꿈 같은 옛적을 회상하면서 소녀는 고된 서울살이로 이제는 집시가 되어 유랑하게 되었노라고 고백한다. 앳된 얼굴과 그윽한 눈동자에 어리는 어머니 얼굴에서 고향에 대한 간절한 그리움이 읽혀지지만, 그녀는 "별무리에서 외로이 떠돌던 작은 별 하나"처럼 불타는 꼬리를 달고 먼 곳으로 사라져가는 자신의 시간을 처연하게 느낄 뿐이다. 귀뚜라미가 처량하게 우는 소리 역시 그녀 자신의 상황으로 치환될 수 있을 것이다. 상실과 폐허, 기억과 그리움이 한없이 교차되는 소녀의 삶이 잘 부조(浮彫)된 작품이다. 이러한 형상은 "바람이 불면 / 멀리 떠나야 할"(「빨간 일기장」) 이들의 이산(離散) 과정을 충실하게 담아내고 있으며 그 순간마다 "나를 찾아가고 있는지도"(「가을밤 적막에 묻혀가며」) 모를 모든 이들의 아픔을 들려주고 있다. 그리고 그렇게 소환된 고향에 대한 그리움은 '시인 한승홍'의 것으로 고스란히 돌아와 다음 시편을 만들어준다.

난, 태어나서 한 번도
고향에 가본 적이 없지만
지난밤 꿈에 고향에 갔었네
나는 비둘기가 되어
소달구지 타지 않고도
단숨에 날아갔었지
부모님 주름 깊어 마음 서럽고
형제자매, 벗들의 반가운 얼굴
소꿉 놀던 계집아이들 사내애들에게선
아직두 개구쟁이 티가 흐르고
보리밭, 물레방아도 옛적 그대로더군
고향!
세상에 취하여 잠시 잊었던 곳
지난밤에 나는 비둘기가 되어
꿈에 그리던 고향에 갔었네
언젠간 내가 가야 할 곳이었는데

—「고향」 전문

시인은 "태어나서 한 번도 / 고향에 가본 적"이 없다고 고백한다. 아는 분은 아는 일이지만, 한승홍 시인은 1942년 평안북도 강계에서 태어나 고향을 북에 두고 온 실향민이다. 말하자면 "태어난 곳 흙 한번 밟아보지 못하고 월남민이 되어 이북내기로"(「향취」) 살아온 것이다. 그런 그가 지난밤 꿈에 '비둘기'가 되어 고향을 찾아가서 그곳이 옛 기억 그대로 있음을 바라본다. 비록 세상에 취하여 잠시 잊었지만 고향은 언젠간 돌아가야 할 귀속처로서 있었던 것이다. 비록 여러 외인(外因)으로 "시간이 삭여줘야 할/헤어짐"(「여운」)을 가져왔지만, 우리는 자신의 기원이 되는 고향을 끝내 등지지 못할 것이다. 누군가에게 고향이란 출생지를 말하며, 유소년기의 기억이 있는 곳이기도 하고, 선대(先代)의 기억이 쌓여있는 공간을 뜻하기도 한다. 한승홍 시인은 떠나야 비로소 발견하게 되고, 가고 싶지만 돌아오면 안타깝고, 어디나 있고 어디에도 없는 고향을 그린 사향(思鄕)의 언어를 이렇게 절절하게 보여준 것이다. 우리도 그의 언어를 통해, 비록 그리움으로만 가볼 수밖에 없지만, 고향에서 "새로운 생명이 잉태"(「여행 엽서 3」)하고 있음을 뒤늦은 발견으로 알게 되는 것이다.

이처럼 한승홍의 시는 서정시의 회귀적 지향을 또렷하게 구유(具有)하면서 기억의 원리에 충실한 세계를 보여준다. 그만큼 그의 시는 투명하고 순연(純然)한 기억을 핵심 원리로 삼으면서 절실한 자기 확인 의지를 어떤 정점에서 들려준다. 그는 기억을 통해 자신의 현재형을 발견하고 다시 그 힘으로 옛 기억을 돌아보는 과정을 통해 이러한 미학적 성취를 얻어간다. 그리고 그 과정은 자신의 지경(地境)을 더욱 깊고 넓게 받아들이려는 의지에 의해 뒷받침되어 있고, 시인의 자기 확인 의지가 스스로에 대한 반성적 의식과 절묘한 균형을 이루는 방향으로 구현되어간다. 말하자면 한승홍 시인은 자신이 지향하는 가치를 작품 안에 끌어들이면서도 그것에 충실하지 못했던 자신의 삶을 반성적으로 사유하는 품격을 보여주는 것이다. 결국 그의 시는 기억 속에 인화된 상황과 정서에 대해 반응하면서 그것을 심미적으로 기록해가는 과정에서 완성된 결실인 셈이다. 이러한 원리는 그 자체로 하나의 시적 상황을 이루면서 때로는 기억 자체가 스스로를 드러내는 방식으로 나타나기도 하고 때로는 그리움의 힘으로 그것을 전유하는 방식을 취하기도 한다. 그리고 그것은 시인으로 하여금 절실한 기억 안에서 상황과 정서가 어울리는 순간을 만들어내면서 우리 삶에 필연적으로 개입하는 그리움의 순간을 응시하게끔 해준다. 다음은 어떠한가.

공간에서 시간으로
내겐 그리움만 되새기누나
姬!
그대는 아는가 이 속앓이를
풀잎은 바람을 타지만
그대 마음은 풀잎이 아닐 텐데
차라리 내가 바람이었다면

—「만추」 중에서

외로움은 밀물이고
그리움은 썰물이네
외로울 땐 그리움만 깊어가고
그리울 땐 외로움만 드러나네

—「물의 감성」 전문

그리움의 시공간으로 수런거리는 그의 시는, 한편으로는 '그대 마음'에 대한 속앓이를 통해 스스로 '만추(晩秋)'의 바람이 되기를 원망(願望)하는 모습으로 나아가기도 하고, 한편으로는 밀물과 썰물처럼 외로움과 그리움이 교차적으로 반복되는 생의 리듬을 "물의 감성"으로 비유하는 차원으로 나아가기도 한다. 그리움의 "은은한 여운"(「그리움」)은 천천히 밀려오면서 지나간 "시간에서 영원을 볼 수"(「눈이여, 밝아져 빛을 발하라!」) 있게끔 해 주고 있다. 비록 결핍의 상황에서 발원하는 것이 그리움이지만, 오히려 한승홍 시인은 그리움을 통해 더욱 "밝은 눈"(「오늘의 기도」)을 가지게 되고 "켜켜이 쌓여있는 / 신화의 비밀"(「낙엽」)을 알아가고 있는 것이다.

눈 설레는 새벽하늘엔
어둠만 길게 드리워
겨울의 흐느낌이 우울하다
눈과 바람과 하늘의 어스름
수채화로 그려진 이 겨울이

봄 향기로 스며올 때까지
나는 밤마다 너에게
겨울 편지를 쓰련다
눈물로 잉크가 번져도
남포등 심지 돋우고
쓰고 다시 쓰며
너와의 그때를 그리련다
너의 꽃 편지 가슴에 고이 품고
함께할 시간을 펼쳐보며

—「겨울 편지」 전문

시인은 이제 자신의 그리움을 '겨울 편지'에 써서 보내는 형식을 취한다. 눈발 흩날리는 어둑한 새벽 하늘에 겨울의 우울이 전해져오고 "눈과 바람과 하늘의 어스름"이 봄 향기로 몸을 바꿀 때까지 시인은 아마도 밤마다 그리운 이에게 '겨울 편지'를 쓸 것이다. 눈물로 잉크가 번지고 "너와의 그때"를 그리면서 한 발 한 발 "꽃 편지 가슴에 고이 품고 / 함께할 시간을 펼쳐"갈 것이다. 그렇게 한승홍 시가 빚지고 있는 가장 중요한 힘은 '그리움'에 있는 것이다. "내 영혼에 다가와 / 호흡을 불어넣은"(「존재, 그 자체」) 이들에 대한 기억이나 "영원과 무한의 차원에 존재하는"(「음악과 시」) 분에 대한 간절한 기도도 그만이 가지는 호환할 수 없는 자산인 것이다. 원래 '그리움'은 대상이 부재 하는 상황에서 발생하지만, 그 나름의 고유한 행위를 통해 그 대상을 구체화하는 성향이 짙다. 그래서 그것은 가끔씩 따뜻한 온정보다는 격정에 의존하는 경우가 있는데 한승홍 시인은 자신의 그리움을 강렬한 존재 조건으로 노래하는 격정의 시인인 셈이다. 그의 그리움은 지금도 현재 진행형인데, 이는 그의 종교적 체험과 사유에서 나온 것으로 추측할 수 있을 것이다.

우리가 잘 알듯이 모든 기억은 과거 삶에 대한 낱낱 재현이 아니라 '지금'과 '여기'를 살아가는 사람의 현재형에 의해 구성되는 원리가 된다. 그 점에서 한승홍 시인이 구성해가는 기억 역시 자신의 현재형과 깊이 연루되고 있다고 보아도 좋을 것이다. 한승홍의 시는 이러한 기억의 원리를 따라 세상이 살 만한 것이라는 사실을 근원적 터치로 보여줌으로써 현재 자신의 지향인 신성과 시원의 시학을 하나하나 구현해가기 때문이다. 이는 그가 노래하는 가장 선명한 전언의 원형일 것이다. 특별히 그것은 시를 상상하고 쓰는 경험으로 현재화되면서 자신의 시를 실존적 성찰의 사건으로 바꾸어가게끔 만드는 힘이 되어준다 할 것이다. 이처럼 그에게 시란, 언어의 도구적 기능을 넘어, 언어를 통해 실존에 가닿는 유일한 미학적 사건이 된다. 시인은 그러한 기억의 지층을 통해 이른바 자신의 존재론적 기원을 아득하게 재생시켜가는 것이다.

## 3. 근원적 질서의 성찰과 존재론의 지평

다음으로 우리는 한승홍 시의 득의(得意)에 찬 삶의 존재론적 성찰에 가닿게 된다. 그가 들려주는 존재론의 지평은 참으로 넓고 아득하다. 신앙적으로 삶의 이법을 탐구하면서 그는 자신의 깨달음을 중요한 음역(音域)으로 들려준다. 군더더기 없는 형식에 정제된 사유가 들어 있는 결실을 담아낸다는 점에서, 한승홍 시인은 서정시가 한낱 외장(外裝)에 그치는 것이 아니라 내면의 가치를 반영하는 최적화 양식임을 증명하고 있다. 근원적 질서에 대한 성찰과 갈망, 인생론적 세목을 그 안에 파생시키는 구조를 거듭 선택하면서 시인은 삶의 근원적 이법에 대한 곡진한 깨달음을 거쳐 자신만의 언어에 이른다. 이러한 과정을 통해 존재 전환의 꿈을 꾸고 그때 생성되는 울림과 떨림을 통해 한없이 아름다운 외경(畏敬)의 느낌을 선사하는 것이다. '시인 한승홍'의 깊은 신앙과 경험과 사유가 단연 빛을 발하는 순간이 아닐 수 없다.

서산마루에 저녁 해가 걸려있다
하늘은 붉게 물들어가고
대지도 온통 노을에 묻혀가고 있다
저녁은 경건한 적막 속에 잠겨간다
나는 보았다
날개 퍼덕이며 사라져 가는
외로운 새 한 마리

날고 날아가서 그 옛날
동무들과 노래하며 놀던 숲과 언덕,
꿈의 나래로 날아오르곤 하던 곳
어쩌면 그곳이 그 자신이 아니려나
새야!
이젠, 고독의 굴레를 벗어던지고
너 자신을 찾아라
하늘은 너를 위해 있고
그래서 있음이 존재하는 거야

―「새」 전문

여기서 '새'는 자연스럽게 시인의 분신으로 다가오며 가파른 실존적 자의식을 견지한 모습으로 등장한다. 황혼이 붉게 물들고 대지도 노을에 묻혀가고 있는 저녁은 "경건한 적막"을 시인에게 건네준다. 그때 시인은 "날개 퍼덕이며 사라져가는 / 외로운 새 한 마리"를 바라본다. 아마도 그 새는 "그 옛날 / 동무들과 노래하며 놀던 숲과 언덕"으로 날아갈 것이다. 꿈의 나래로 날아올라 "이젠, 고독의 굴레를 벗어던지고" 자신을 찾아가는 여정에 들어설 것이다. 시인은 '새의 비상과 안착의 과정을 통해 스스로 "피안의 세계"(「여름 해변에서의 하루」)를 찾아가고, 더러 "내가 나 자신을 볼 수 있도록 나를 벗겨가는 순간"(「이 희열에 취해 나는 옷을 벗는다」)을 가지게 될 것이다. 존재론적 회감과 발견과 상상이 견고하게 펼쳐진 시편이 아닐 수 없다.

누구나 동의하듯이 서정시는 시간에 대한 경험을 기억하고 구성하는 양식적 특성을 지닌다. 다양한 기억을 다루면서 우리로 하여금 삶의 원리를 따라 근원적 질서에 대한 상상적 경험을 치르게끔 해주기 때문이다. 한승홍 시인은 스케일이 큰 신성(神聖)의 상상력으로부터 미세하고 소소한 사물의 움직임에 이르기까지 그러한 경험을 서정의 울타리 안에 담음으로써 이러한 원리를 한껏 충족해간다. 또한 이른바 '충만한 현재형'에서 구성되는 정서를 통해 그러한 원리가 잘 갈무리된 작품을 써간다. 이를 통해 우리는 해체 지향의 시대를 살아가면서도 잘 짜인 고전적 감각을 경험하게 되고, 인간의 원초적 정서와 통합적 삶의 이치를 만나게 된다. 이때 우리는 서정시가 시인의 성취를 가능케 하는 불가피한 '존재의 집'임을 알게 된다. 한승홍 시인은 존재론적 기원에 대한 깊은 기억을 통해 '존재의 집' 한 채를 지어낸 것이다.

황혼의 빛이 서산으로 넘어간다
그 빛에는 숱한 빛도 묻혀간다
그러면서도 어둠 속 빛의 잔영은
그림자로 쏟아져 내린다
대지는 적막감에 휩싸인다
마른 가죽으로 덮인 갈빗살 위에
어둠 속 빛은 또 다른 빛으로
밤하늘을 가르며 채워져 온다
그 이후에는 황혼의 빛도

정처 없이 가야 할 황량한 들판도
한갓 꿈인 듯 영원에 삼켜져 사라지리라
그리고, 그럴 수도 있음 직한데
물론 그건 믿음으로 채워진 것일 테지만
더 밝은 빛 속에서 깨어나지 않으랴

—「황혼의 빛」 전문

"황혼의 빛" 역시 서산으로 넘어가면서 숱한 빛을 묻혀서 떠나간다. "어둠 속 빛의 잔영"이야말로 모두 "빛과 어둠은 서로 하나 같은 둘"(「빛은 찬란하고 가슴 속은 뜨거워도」)이었음을 알아가는 자각을 수반해준다. 적막한 대지에서 우리는 어둠 속 빛이 또 다른 빛으로 채워져 오는 풍경을 바라보는 것이다. 나아가 우리는 믿음으로 채워진 그러한 순간들로 인해 더 밝은 빛 속에서 깨어나는 순간을 경험하게 될 것이다. 이러한 노래들도 한결같이 "빛의 자녀로 정의롭게"(「내 영혼에 당신의 사랑을」) 살아가고 "죄의 역사에서 구속의 섭리"(「주의 동산에서」)를 느끼며 "멀리서부터 어둠이 사라져가"(「면사포를 살포시 벗고」)는 순간을 원하는 마음이 반영된 것일 터이다.

한승홍 시인은 근원적 질서의 성찰과 존재론의 지평의 개진 과정을 이처럼 아름답게 진설해놓는다. 진솔한 기억을 바탕으로 남다른 진정성의 언어를 이어가고 있는 것이다. 그 언어는 보편적 생의 원리에 대한 성찰로 이어지면서, 지나치기 쉬운 근원적인 힘에 대해 사유하는 쪽으로 우리를 인도해간다. 그래서 우리는 이번 그의 시집에 담긴 활달한 감각과 사유를 통해, 그가 간직하고 있는 시적 밀도를 충실하게 경험할 수 있을 것이다. 나아가 그의 시에서 사물은 언제나 '시'의 은유로 다가오면서 시인으로 하여금 언어적 사제(司祭)로서의 실존적 책무를 강렬하게 환기하게끔 해줄 것이다.

지금까지 우리가 천천히 읽어왔듯이, 한승홍의 시는 다른 예술 양식들과 달리 시간의 지층을 강하게 의식하면서 씌어져왔다. 우리가 서정시의 장르적 특성을 삶의 형상적 반영으로 승인해온 까닭도 바로 여기 있을 것이다. 이때 우리는 서정시가 시간 자체에 대해서도 관심을 많이 가지지만 시간의 흐름을 둘러싼 삶의 내력에 대해서도 지극한 관심을 가지고 있음을 알게 된다. 어쩌면 서정시는 그 핵심에 시간의 흐름을 깔고는 상상력의 원천으로서의 미학적 전제를 지난 시간으로부터 빌려옴으로써 이러한 변화에 적응해 가는지도 모른다. 그래서 우리는 탄력과 변화 가능성을 실천하고 있는 양식으로서 서정시를 생각하게 되고, 한승홍 시인의 작품 역시 이러한 생성적 가치를 드러내는 실천적 장(場)임을 알아가게 되는 것이다.

덧붙여 우리는 한승홍 시의 정언 가운데 "정의란 이웃을 나로 보는 것"(「정의」)이라든지 "노동하는 자만이 /삶을 말할 수"(「노동」) 있다든지 "진리에는 생명이 있고/참사랑에는 영혼이 있다"(「진리」)라는 말씀도 오래 기억하고자 한다. 아마도 신학자로서 오래 궁구해온 신성한 질서에 대한 그만의 고백이 거기에 담겨 있을 것이다. "해빙기에 / 눈 녹아내리는 노래"(「해빙기」)처럼 다가온 한승홍 시편이 시원(始原)의 세계를 향한 순수 원형의 기억을 우리에게 건네준 것을 감사하게 생각한다. 자연인으로 팔순을 맞아 펴내는 이번 시집에 더없는 축하를 드리면서, 앞으로도 더욱 신성하고 아름다운 세계에 대한 간절한 추구를 지속해 가실 것을 마음 깊이 희원해마지 않는다.

한승홍 시집
# 천사의 음성

초판인쇄일 2021년 1월 29일
초판발행일 2021년 2월 5일

지은이 : 한승홍
발행인 : 김순진
편집장 : 전하라
디자인 : 김초롱
펴낸곳 : 도서출판 문학공원
등 록 : 2004년 3월 9일 제6-706호
주 소 : 우편번호 03382 서울 은평구 통일로 633
녹번오피스텔 501호 스토리문학사
전 화 : 02-2234-1666
팩 스 : 02-2236-1666
홈페이지 : http://cafe.daum.net/yob51
이메일 : 4615562@hanmail.net

※ 책값은 뒤표지에 있습니다.
※ 저자와의 협의에 의해, 인지는 생략합니다.